START UP BOOK

LIDERANDO START UPS DEL FUTURO

La guía para ser un emprendedor exitoso

Si miramos al siguiente siglo, los líderes serán los que empoderan a otros

BILL GATES

Por Brian Pajares

Liderando Start Ups del Futuro

La guía para ser un emprendedor exitoso

1ra Edición

Por Brian Pajares

Publicado por InnovaYap Inc

Jr. Juan Pablo II #265

Cajamarca, Perú

www.innovayap.com

Copyright © 2021 por InnovaYap, Perú

Ninguna parte de esta publicación puede ser reproducida, almacenada en un sistema de recuperación o transmitida en cualquier forma ya sea electrónico, mecánico, fotocopiado, grabación, escaneo o de otro tipo, excepto según lo permitido sin el permiso previo por escrito del editor, o la autorización mediante el pago de la tarifa correspondiente por copia al Copyright.

Para obtener permiso debe dirigirse al Departamento Legal, Innovayap, Inc. E-mail: brian.pajares@innovayap.com

Acerca del Autor

Líder y especialista en implementación de Proyectos en Innovación Abierta, Transformación Digital, Tecnología Disruptivas, Adopción la Cultura Innovadora y Mejora Continua. Ingeniero Mecánico por la PUCP, colegiado y especialista en Automatización Industrial por TECSUP. Cuento con un MBA Global por CENTRUM católica, Universidad de Maastricht (Holanda) y Universidad de Victoria (Canadá). Magíster en Gestión de Proyectos por la Universidad de Maryland, USA (Beca Fullbright). Certificado PMP. Experiencia laboral de más de 10 años enfocados en Gestión de Proyectos, Innovación, Cultura, Tecnología y Mejora Continua en diferentes industrias como Minería, Agro industria y Manufactura. Conferencista, educador y escritor de temas de innovación, tecnología y mejora continua

Contáctalo: brian.pajares@innovayap.com

Página: www.innovayap.com

Dedicatoria

Dedicada a mis padres Valentina Correa y Arturo Pajares. Me enseñaron que sin esfuerzo y perseverancia nada se consigue en esta vida. A mis hermanos que cada día siguen siendo un ejemplo a seguir. A Yesenia por todo su amor. A mi familia por su apoyo incondicional y a mis amigos por siempre enseñarme cosas nuevas.

"El valor de una idea radica en su uso"

Thomas Edison

Tabla de Contenido

Acerca del Autor iii
Dedicatoria iv
Tabla de Contenido v
Introducción 1
Capítulo I: 3
   Conociendo el Mundo del Start Up 3
      ¿Qué es una Start Up? 4
      Visionarios y sus Start Ups del Siglo XX 5
      Start Ups del Siglo XXI 7
      Tipos de Start Ups 10
         Fintech 10
         IoT 12
         eHealth 15
         EdTech 17
         Prop Tech 19
      Los Unicornios 21
Capítulo II: 23
   Etapas para crear una Start Up desde "Zero" 23
      Etapas de una Start Up antes del Exit 24
         Primera etapa: Definir tu idea y validarla 25
         Segunda etapa: Elabora un plan de negocio 26
            El plan Operativo 28
            El plan de Finanzas 28
            El plan de Marketing 29
            El plan de Logística 29
            El plan de Ventas 30
            El plan de Recursos Humanos (RRHH) 30
         Tercera etapa: La ejecución 31
         Cuarta etapa: La mejora continua 32
      Las 5 fases de crecimiento de una Start Up 32

- Pre-Semilla (Pre Seed) 34
- Semilla (Seed) 34
- Temprana (Early) 35
- Crecimiento (Growth) 35
- Expansión (Expansion) 35

Capítulo III: 37
El financiamiento, la incubación y la aceleración de las Start Ups 37
- La ruta del financiamiento de las Start Ups 38
- Formas de financiamiento para las Start Ups 41
- Los Crowdfunding 44
  - Crowdfunding de donación 45
  - Crowdfunding de recompensa 45
  - Crowdfunding de inversión 46
  - Crowd lending 46
  - Crowd factoring 46
- La incubadora de negocio para aumentar la probabilidad de éxito de las Start Ups 48
  - Pre-incubación 49
  - Incubación 49
  - Post Incubación 49
- ¿Qué son y en qué se diferencia las aceleradoras de las incubadoras? ... 50
  - Las mejoras incubadoras del Mundo 2021 50

Capítulo IV: 53
Mi experiencia en la creación y dirección de Start Ups 53
- Liderando mis propios Start Ups, la experiencia de un emprendedor ... 54
  - Water Air 54
  - Detector W 2.0 56
  - Dry Food 59

Capítulo V: 63
Lecciones aprendidas para que una Start Up sobreviva 63
- Consejos en tiempos de crisis para emprendedores 64
- Bibliografía 66

Introducción

El presente libro pretende dar un conocimiento general sobre el proceso de creación de las Start Ups, el correcto manejo que se debe dar para generar un crecimiento sostenible y ver las mejores prácticas para resolver los problemas que surgen en todo este viaje de emprender con ideas innovadoras y ayudarán a guiar a nuevos emprendedores que quieren formar los futuros "unicornios". Es así que de los más de 10 años que tengo emprendiendo, este libro mostrará las innovaciones más interesantes que he logrado realizar y además las lecciones aprendidas que puedo poner sobre la mesa.

El libro tiene 5 capítulos los cuales se describen de forma general a continuación:

El primer capítulo trata de como grandes emprendedores de la generación del siglo XX y del sigo XXI han creado las Start Ups habiendo revolucionado nuestras vidas y modelado nuestro día a día en un mundo más digital. Nos dará una pizca de motivación para explorar sus experiencias y ver de manera general su aprendizaje que tuvieron y los pasos que dieron para ser exitosos. Además, se tienen las grandes áreas donde las Start Up más sobresalientes están trabajando y cambiando nuevamente nuestra forma de vivir.

El segundo capítulo trata sobre cómo es el proceso de la creación de Start Ups exitosas. Adicionalmente, se explorará las fases de crecimiento que tienen las Start Ups ligados al financiamiento que requiere en cada etapa de crecimiento.

El tercer capítulo trata de analizar el financiamiento en sí de las Start Ups, evaluando el nivel de financiamiento requerido por etapa en la que semencontra, analizando las formas de cómo se consigue financiamiento y se darán consejos para conseguir y presentar el proyecto innovador a inversores en general.

En el cuarto capítulo se exploran tres importantes emprendimientos que he tenido a lo largo de mi vida, se hace una descripción de cada una de ellas y como pasé de la ideación a la comercialización, describiendo de manera general los desafíos y las consideraciones que tuve para llevarlo a un crecimiento sostenible

El quinto es el capítulo de lecciones aprendidas y conclusiones finales sobre lo expuesto en este libro y básicamente se enfoca en dar esos consejos para no dejar que un emprendimiento se venga abajo y que pueda sobresalir ante cualquier crisis que pueda haber en este viaje de ser un emprendedor exitoso.

Capítulo I:
Conociendo el Mundo del Start Up

Este capítulo es una ventana para explorar las definiciones que existen de Start Up y las diferencias que existen con las llamadas PYMEs (Pequeñas y Medianas Empresas). Adicional a ello se hablará de experiencias exitosas de emprendedores del siglo pasado y presente que moldearon nuestro mundo actual. Se clasificarán las Start Ups según las más grandes tendencias y se explorarán los emprendimientos con gran promesa de cambiar nuestra forma de vivir en los próximos 5 años.

¿Qué es una Start Up?

Para definir una Start Up se necesita primero diferenciarlo de una pequeña y mediana empresa o PYME. La gran diferencia que existe entre estos dos conceptos es que la Start Up es un negocio que escala más rápido y fácilmente que un negocio pequeño o mediano y además de ello usa elementos digitales en su solución y para su crecimiento. Una Start Up en potencia, se podría decir que es precursor de una gran trasformación digital y que impactaría en la vida de millones de personas en un corto plazo.

Otras características que es importante notar de una Start Up o emprendimiento innovador, es que este negocio se proyecta a escalar a todas las realidades posibles en el mundo, no importa la zona geográfica, es algo que puede ser usado sin importar la cultura o procedencia de la sociedad específica.

Se menciona que para innovar con éxito y crear una Start Up con futuro, se tiene que explorar y escuchar atentamente la necesidad de las personas y las novedades del mercado, no solo para que la innovación sorprenda sino también para que funcione.

Otra característica es que la Start Up quiere cambiar el mundo con su solución y convertirse en guía para las personas. La solución que trae consigo es innovadora la cual es la ventaja competitiva que le hace salir al mercado y ganar a la competencia. Un dato importante es que el modelo del negocio de un emprendimiento innovador no es tradicional, busca su lugar y explora oportunidades para hacerse sostenible con ayuda de lo digital.

Finalmente, una Start Up tiene mayor riesgo que un negocio tradicional, puede ser rentable o puede desaparecer rápido, pero si logra ser sostenible, cambiaría nuestro mundo.

Visionarios y sus Start Ups del Siglo XX

Las mentes geniales del siglo XX se han combinado con las mentes innovadoras del sigo XXI para diseñar el mundo en donde vivimos hoy en día. Cada día la tecnología disruptiva aparece adaptarse en nuestro mundo y mejorar nuestra calidad de vida en todo sentido. Y la pregunta es si estábamos predestinados a disfrutar de todo este avance tecnológico en un tiempo tan corto que rompe esquemas.

Las mentes maestras de las Start Ups han permitido darnos los privilegios para seguir creando un mundo mejor y que lleguen a todos los lugares del planeta y a todas las personas de todos los estatus sociales. Aunque son muchas mentes brillantes que han modelado nuestro mundo, hablemos de 5 de ellos:

Bill Gates. Fue quien fundó junto con Paul Allen la empresa de tecnología Microsoft en 1975. Sin embargo, fue el lanzamiento del sistema operativo Windows en 1985 el punto de inflexión en el desarrollo de Microsoft. Microsoft Windows se convirtió en un nombre familiar en todo el mundo y en 1987 Gates, de 31 años, se convirtió en el multimillonario más joven. Ahora con un valor de $ 118 mil millones, Gates y su esposa Melinda se han comprometido a dar la mayor parte de su riqueza a causas filantrópicas y han inspirado a otros a hacer lo mismo a través de "Giving Pledge".

Steve Jobs. En 1976, co fundó Apple Inc. con Steve Wozniak. La computadora Macintosh fue el primer éxito de la compañía y Jobs se tomó un descanso del negocio en la década de 1980 para lanzar la innovadora empresa de animación por computadora Pixar Animation Studios. Más tarde, Disney compró Pixar por 7,400 millones de dólares en 2006. Pero Jobs regresó a Apple en la década de 1990 y lanzó el innovador iPod, iPad y iPhone. Cuando Jobs murió de cáncer a los 56 años en 2011, se dijo que valía alrededor de $ 10 mil millones.

Jeff Bezos. En 1994, fundó la librería en línea de Amazon. Era un riesgo, ya que el negocio que operaba inicialmente desde el garaje de Bezos se enfrentaba a grandes librerías como Barnes and Noble. Pero la apuesta de Bezos y la creencia de que la gente querría comprar libros en línea pronto valió la pena, y Amazon se diversificó. Ahora vende de todo, desde televisores hasta comestibles y contenido de televisión, mientras que Bezos está en carrera con otros millonarios quienes se disputan siempre el título del hombre más rico del mundo, tiene un patrimonio neto de $ 201.6 mil millones.

Pierre Omidyar. En 1995, Pierre crea AuctionWeb, un sitio "dedicado a unir a compradores y vendedores en un mercado abierto y honesto". En 1997 se cambió el nombre a eBay. Al mundo en línea le encantó el concepto y en 1998, solo tres años después del lanzamiento, se hizo público. eBay está ahora en 180 países y se ha tragado a varias otras compañías, incluidas PayPal, Gumtree y StubHub. Sigue siendo el accionista individual más grande de la compañía con una participación del 4,7% y tiene un valor estimado de $ 18,7 mil millones.

Segey Brin y Larry Page: Son los cofundadores de Google quienes se conocieron en la Universidad de Stanford. Juntos crearon un algoritmo que calcula la cantidad de enlaces a un sitio y la cantidad de enlaces a esos sitios relacionados para encontrar los sitios más populares. Google fue lanzado en 1998 y revolucionó la experiencia de los motores de búsqueda. Se ha diversificado en muchas áreas, incluida la robótica, la cartografía y el video. Page tiene un valor de alrededor de $ 67,8 mil millones y Brin tiene un valor de alrededor de $ 65,8 mil millones.

Start Ups del Siglo XXI

Airbnb: Nace en 2008, cuando tres amigos aplicaron el modelo del mercado a los colchones de aire y las habitaciones adicionales en casas de las personas. En tres años, la empresa había reservado un millón de estancias y ayudó a marcar el comienzo de la economía colaborativa. Su última valoración es de más de $ 35 mil millones, más alta que la capitalización de mercado de Hilton o Marriott.

Facebook. La red social más grande del mundo cruzó el umbral de mil millones de usuarios justo en el momento en que se hizo pública en 2012. Hoy llega a 2,450 millones de personas al mes. Si bien es imposible cuantificar las formas en que Facebook ha ayudado a las personas a conectarse (o, para el caso, a hostigarse, desinformarse o planear un genocidio entre sí), es posible que hayamos aprendido un par de cosas sobre la privacidad y la seguridad de los datos del gigante. Desde el lanzamiento de múltiples investigaciones federales sobre el escándalo en torno a la empresa de minería de datos Cambridge Analytica, en la que 87 millones de usuarios de Facebook tuvieron a su información de manera inapropiada, una empresa de seguridad descubrió que la información de 540 millones de usuarios no estaba protegida, y Facebook reveló que los piratas información personal robada unos 30 millones más.

Instagram. Internet ha recorrido un largo camino desde que el filtro de fotos de Valencia parecía ingenioso. Con su ejército de influencers, scroll infinito y dominio de la economía de la atención móvil, Instagram es, en muchos sentidos, la aplicación por excelencia de la década de 2010. Kevin Systrom y Mike Krieger fundaron el negocio justo al comienzo de la década. Facebook lo compró dos años después por mil millones de dólares, la mayor adquisición de red social hasta la fecha.

Snapchat. Cuando Snapchat se lanzó en 2011, fue el blanco de un millón de bromas sobre las innovaciones que podría aportar al sexteo. Resulta que los fundadores y creadores de contenido de Snap predijeron con precisión el acortamiento continuo de la capacidad de atención de las personas. En unos años, casi todas las plataformas sociales imitarían su fórmula adictiva y amigable para los anunciantes. También admirable: la firme negativa de sus fundadores a vender y el notable control de la empresa. Juntos, Evan Spiegel y Bobby Murphy tienen el 95 por ciento del poder de voto de la empresa.

Space X/Tesla. El par de empresas innovadoras de Elon Musk nacidas de disparos a la luna han terminado por doblar las trayectorias de múltiples industrias. Las compañías han tomado caminos considerablemente diferentes: mientras Tesla comenzó la década haciendo pública, SpaceX se convirtió en la primera compañía privada en lanzar, orbitar y recuperar con éxito una nave espacial en 2010. Ahora está valorada en más de $ 33 mil millones y es un socio. de la NASA, así como un importante contratista de defensa. Tesla, por otro lado, es una fascinación perpetua tanto para los consumidores como para los inversores. Se convirtió en el fabricante de automóviles de pasajeros enchufables más vendido en 2018 y ha impulsado a otros fabricantes de automóviles a acelerar más vehículos eléctricos y listos para el piloto automático. Sin embargo, Tesla nunca ha tenido un año rentable. Obtuvo la mayor parte de sus titulares de 2019 por presentar un prototipo de camioneta triangular y, esencialmente, financiar su desarrollo mediante pedidos anticipados.

Elon Musk, da cinco consejos a los emprendedores que todos debemos escuchar:

"La gente trabaja mejor cuando sabe cuál es la meta y por qué"

"El fracaso es una opción. Si no estás fracasando, no estás innovando lo suficiente"

"El primer paso es establecer que algo es posible, después probablemente ocurrirá"

"Cuando Henry Ford creó coches baratos y fiables, la gente dijo: 'Bah, ¿qué hay de malo en el caballo?' Hizo una apuesta muy arriesgada, y funcionó"

"Montar una Start Up es como comer vidrio y mirar fijamente al abismo"

Con todo lo que menciona, nos puede dar una idea y estar preparados a todos los que emprendemos algo. Así mismo nos motiva a que demos ese paso para apostar en nosotros en nuestras ideas y aprender de lo que puede acontecer en este viaje

Tipos de Start Ups

Hay una infinidad de Start Ups que están apareciendo en diferentes rubros y van a seguir consolidándose. Es por ello que a continuación se hace una clasificación muy general de los tipos de Start Ups más exitosos, los cuales proyectan seguir dominando los mercados, apareciendo cada día en estas clases más Start Ups con soluciones útiles proactivas e innovadoras que seguirán moldeando nuestra existencia. Dentro de las Start Ups que se comentarán en el siguiente espacio, van relacionado con Fintech, IoT, eHealth, edTech y PropTech.

Fintech

Deriva de Finance Technology (Tecnología Financiera), trata de traer soluciones que no nos han acostumbrado la banca tradicional, aplicando tecnología para a las finanzas para dar un mejor producto o servicio. Podemos describir de manera general soluciones como banca móvil, medios de pagos digitales, gestión de capital, inversiones, cambio de monedas, préstamos y otros.

Basadas en la investigación de StartUs Insights, de 2,554 Start Ups analizadas las soluciones de tecnologías financieras emergentes más importantes a observar y aprender son:

Cybera Global - Plataforma para prevenir el ciberdelito

La Start Up suiza Cybera Global crea una plataforma FinTech para ayudar a las instituciones financieras y los gobiernos a prevenir el ciberdelito de motivación financiera. La puesta en marcha combina las últimas tecnologías con experiencia en la materia para reducir el fraude en línea y las pérdidas relacionadas con el ciberdelito a nivel mundial.

Ziina = Pagos entre pares

Ziina es una Start Up FinTech con sede en los Emiratos Árabes Unidos que ofrece a los usuarios una aplicación para pagos P2P fáciles. La aplicación móvil cuenta con seguridad de nivel bancario y cifrado de extremo a extremo para proteger el dinero y los datos de los usuarios. Además, la aplicación no requiere que los usuarios ingresen detalles como códigos bancarios para transferir dinero. La solución simplifica los pagos financieros entre amigos y familiares al tiempo que reduce la necesidad de llevar dinero en efectivo todo el tiempo.

Bluesheets = Contabilidad automatizada

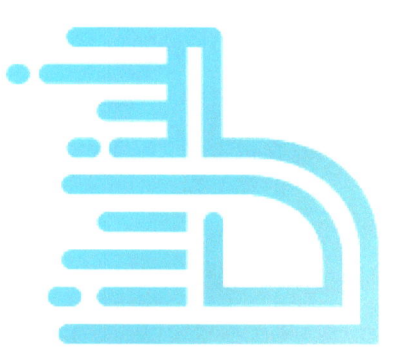

La Start Up de Singapur Bluesheets permite la transformación digital de los departamentos financieros con la ayuda de la automatización de la contabilidad en tiempo real. La puesta en marcha aborda múltiples desafíos en la contabilidad manual, incluido el registro financiero complejo y las costosas integraciones de software. La tecnología patentada de Bluesheets permite la implementación de bajo coste de la automatización financiera con solo unos pocos clics.

Incognia = Conozca a su cliente (KYC)

Incognia es una Start Up con sede en EE. UU. que ofrece una solución de identidad digital que prioriza la privacidad para aplicaciones móviles. Permite el reconocimiento en tiempo real de los usuarios de confianza durante la incorporación, el inicio de sesión y los pagos. Incognia utiliza biometría de comportamiento de ubicación y huellas digitales de dispositivos para aumentar las conversiones, reducir los falsos positivos y detener el fraude.

PayParc: pagos de empresa a empresa (B2B)

La Start Up española PayParc permite a las empresas de viajes optimizar los pagos B2B. La plataforma PayParc ayuda a las empresas de viajes a enviar y recibir pagos de forma instantánea y automática a través de billeteras electrónicas, al tiempo que ahorra costes significativos. El flujo de pago de PayParc funciona de manera completamente independiente de las redes de tarjetas de crédito o débito. PayParc transmite todos los pagos entre compradores y vendedores en la industria de viajes y ayuda a controlar el flujo de efectivo mejor que el trabajo manual.

Finwyn = Mercado P2P

La Start Up Finwyn, con sede en Luxemburgo, apoya a las pymes encontrando inversores que estén dispuestos a asumir préstamos pendientes u otros costes. El mercado y la plataforma de inversión de igual a igual de la Start Up permite a los inversores con dinero gratis encontrar y realizar las inversiones adecuadas. El mercado estandariza los contratos, permite a los usuarios experimentar con características técnicas y recibir una oferta de mercado de los inversores. Los inversores que buscan recompensas elevadas deciden invertir su dinero en empresas, mercados financieros secundarios o préstamos alternativos.

IoT

La revolución del internet de las cosas, es otro sector que más impulso está teniendo, pues permite conectar y proveer e inteligencia a casi todo objeto que tenemos en nuestro alcance. Esto genera miles de ventajas a la sociedad puesto que se controlan objetivos a distancia, captando la información de cada uno de ellos, y permite controlarlos reduciendo muchos costos y aumentando la seguridad.

Basadas en la investigación de StartUs Insights, de 2,800 Start Ups analizadas las soluciones de IoT emergentes, las Start Ups más importantes a observar y aprender son:

Symphony - Mantenimiento predictivo

La Start Up Symphony, con sede en Hong Kong, utiliza sensores de vibración y análisis de datos basados en la nube para permitir el mantenimiento predictivo. La solución plug and play (PnP) de conexión magnética de la Start Up detecta fallas en la maquinaria, lo que reduce el tiempo de inactividad. La solución ayuda a los fabricantes y gerentes a mejorar la gestión del ciclo de vida de la maquinaria, impulsando la producción y reduciendo el costo de capital.

EQUIPRISE- Soluciones de IoT industrial (IIoT)

La Start Up australiana EQUIPRISE crea un ecosistema de equipos conectados para la supervisión del rendimiento y el control de la máquina. La Start Up aplica soluciones de computación en la nube, inteligencia artificial, aprendizaje automático e IoT para definir métricas de rendimiento de equipos y diseñar dispositivos de borde personalizados. Estas soluciones de automatización e IoT optimizan el rendimiento de la maquinaria pesada para reducir los riesgos, los costos de mantenimiento, la gestión del ciclo de vida y la seguridad operativa.

IoTized -IoT de banda estrecha (NB-IoT)

Iotized

La Start Up de Estonia IoTized se especializa en soluciones de conectividad IoT para la transformación digital dentro de la industria 4.0. A través de IoT de banda estrecha, las aplicaciones como los wearables y el estacionamiento inteligente, que dependen de los dispositivos IoT e IIoT, se benefician en términos de cobertura de datos en interiores, rentabilidad, bajo consumo de energía y baja latencia de conexión.

Smart Soil - Transforma la agricultura inteligente

La Start Up turca Smart Soil desarrolla sensores de IoT que monitorean las condiciones climáticas, del suelo y de temperatura para aplicaciones agrícolas. Al monitorear la humedad de las hojas y el crecimiento de las plantas, las soluciones de la Start Up controlan la salud de las plantas y la susceptibilidad a las enfermedades. Como resultado, Smart Soil asegura una mejor utilización de la tierra y rendimiento de los cultivos.

SentiSpec - Detección automática de fiebre

La Start Up danesa SentiSpec aprovecha los sensores de temperatura, las cámaras inteligentes y la inteligencia artificial para una detección eficaz de la fiebre. Mediante la medición de la temperatura, la cámara inteligente identifica posibles portadores de infecciones en los espacios públicos. El dispositivo de la Start Up utiliza sensores para detectar variaciones en la temperatura de la piel y aplica IA para estimar la temperatura corporal central.

eHealth

Deriva de la palabra Health que significa salud y permite que la digitalización y nuevas tecnologías que brindan temas sanitarios lleguen a todas las personas que requieran una atención medica, o tecnologías que monitoreen el estado de salud de las personas o den consejos útiles en función de sus rutinas.

Basadas en la investigación de StartUs Insights, de 3,622 Start Ups analizadas las soluciones de tecnologías en temas de la salud, más importantes a observar y aprender son:

Care AI = Monitoreo autónomo de pacientes

Care AI es una Start Up con sede en EE. UU. Que ofrece una plataforma de monitoreo autónoma impulsada por inteligencia artificial para el cuidado de la salud. La plataforma de Care AI se conecta a los sensores de borde patentados y transforma las habitaciones normales en habitaciones autoconscientes. La plataforma aumenta la seguridad del paciente, reduce los errores médicos y mejora la calidad de la atención y la eficiencia clínica. Tiene desarrollado aplicaciones en la monitorización de la higiene de las manos, la monitorización del paciente en la cama para prevenir caídas y la predicción de úlceras por presión, temblores y otros riesgos.

Uventions = Desinfección automatizada

La Start Up alemana Uventions desarrolla soluciones para la desinfección automatizada de superficies e infraestructura. La Start Up ofrece múltiples productos para la desinfección del aire en la habitación, manijas de puertas, objetos, superficies y pasamanos. Estas soluciones son fáciles de instalar en entornos como hospitales, clínicas, oficinas, aeropuertos, hoteles e incluso cruceros. El sistema detecta la presencia de personas en una habitación o el uso de la manija de la puerta y desinfecta automáticamente mediante radiación de luz ultravioleta C (UV-C). La solución documenta el proceso de desinfección e informa en tiempo real a través de un tablero.

Ceiba - Plataforma de Tele-Unidad de Cuidados Intensivos (Tele-UCI)

Ceiba, una Start Up turca, ofrece una plataforma de tele-UCI. La plataforma ofrece un panel de control patentado totalmente personalizable, que proporciona una instantánea de todos los pacientes y camas de la UCI para transmitir información urgente que demuestra su necesidad de atención. La plataforma proporciona alertas predictivas basadas en IA para sepsis, mortalidad, duración de la estadía, alerta temprana del deterioro del paciente, puntaje del nivel de agudeza, notas automatizadas de progreso del médico y notas de la enfermera. Además, la solución es fácil de integrar con cualquier plataforma de historia clínica electrónica (EHR).

InnVentis - Gestiona las enfermedades inflamatorias crónicas

La Start Up israelí InnVentis utiliza big data y aprendizaje automático para proporcionar soluciones para el diagnóstico, el seguimiento y las decisiones terapéuticas sobre las principales enfermedades inflamatorias crónicas. La plataforma de la Start Up combina datos de alta calidad con algoritmos avanzados para generar información procesable para el diagnóstico y el manejo de enfermedades inflamatorias. La Start Up también ofrece productos y servicios para descubrir medicamentos para la artritis reumatoide (AR). La Start Up planea extender su plataforma a otras afecciones inflamatorias como el asma, la esclerosis múltiple y la colitis.

VRSANO - Desarrolla una interfaz cerebro-computadora

VRSANO es una Start Up con sede en EE. UU. Que desarrolla una tecnología de interfaz cerebro-computadora que integra los principios de realidad virtual, neuro feedback e hipnosis clínica para optimizar los resultados de salud. El método patentado de la Start Up saca a los pacientes médicos de un estado de angustia al sumergirles en un mundo virtual relajante. Induce un estado psicofisiológico que ayuda a los pacientes con sus necesidades de salud mental. La plataforma alivia los síntomas y mejora los resultados de los pacientes a largo plazo al tiempo que reduce los costos de atención médica.

EdTech

Aunque no derive exactamente de una palabra, pero las iniciales Ed significan en este uno educación y tech significa tecnología. Por lo generar las Start Ups que están en esta área se dedican a desarrollar herramientas digitales con el fin de mejorar la educación y llevarlas a lugar no pensados. Llega como respuesta a la creciente necesidad de aprender a distancia, satisfaciendo la necesidad no cubierta por el sistema tradicional. Las personas tienen tiempo para educarse y no necesitan ir a lugares lejanos para hacerlo.

Existen muchas empresas que tienen el potencial de ayudar a cientos de miles de estudiantes de todo el mundo a adaptarse a la nueva forma de aprender. Cada uno tiene un enfoque diferente y aporta una visión única al mundo de la educación. Según la empresa consultora Hubbublabs menciona algunas Start Ups que se tiene que ver este 2021.

Immerse - Tecnología educativa que transforma el aprendizaje del inglés a través de la realidad virtual

Su plataforma permite a los estudiantes practicar sus habilidades lingüísticas con experiencias de aprendizaje estructuradas. Equipados con un visor de realidad virtual, los estudiantes usan avatares para comunicarse y practicar su inglés a través de una variedad de temas y temas. Immerse se lanzó en 2017 y recientemente completó su ronda de inversión Serie A.

Kid Science - La ciencia es un juego de niños

La Start Up finlandesa de tecnología educativa dirigida por mujeres, Kide Science, fue fundada en 2017 por una investigadora, una profesora de ciencias y una emprendedora. Su modelo de aprendizaje combina el juego, la historia, la imaginación y las habilidades del proceso científico para una experiencia STEAM atractiva.

ABA English - Pioneros de la enseñanza a través del video

La aplicación ABA English combina tecnología, una metodología única basada en videos e interacciones humanas con profesores y tutores certificados para mejorar el inglés de los estudiantes. El producto ha ganado la Mejor Aplicación Educativa en los Premios "Reimagine Education" dos veces en los últimos cinco años.

Differ - Tecnología educativa que hace que sea seguro para los estudiantes conectarse

Differ se fundó en 2015 con el objetivo de impulsar la inclusión social en las universidades facilitando que los nuevos estudiantes se conecten y formen amistades. En los campus socialmente distanciados de 2021, la opción de socialización virtual será más oportuna que nunca. Además de mejorar la experiencia de los estudiantes, los datos de Differ muestran que la inclusión social mejora la participación en el aprendizaje y reduce las tasas de deserción.

Perlego - Spotify para libros de texto

Otra StartUp de tecnología educativa dirigida a estudiantes universitarios, Perlego es un servicio de suscripción ilimitada para textos académicos. La empresa trabaja con los editores para proporcionar acceso asequible y sostenible a más de 400.000 libros de texto, asegurándose de que ningún estudiante quede fuera de su lista de lectura.

Prop Tech

Prop tech vienen de las palabras Property and Technology que significa tecnología de propiedad. Basadas en el sector inmobiliario, las empresas en este sector tratan de reinventar el mercado inmobiliario para eliminar las barreras y facilitar los trámites burocráticos. Las diferentes Start Ups que están apareciendo están poniendo el foco en la inversión, comercialización y financiación de bienes raíces.

Basado en un estudio de la empresa GetKisi, menciona que el futuro de los bienes raíces está cambiando rápidamente debido a la innovación y tecnología y hay que evaluar las siguientes empresas éste año:

Opendoor

Opendoor, con sede en San Francisco, simplifica el proceso de propietario de vivienda para permitir a los usuarios comprar o vender una casa en su aplicación. Al utilizar la tecnología para simplificar el proceso, Opendoor tiene como objetivo ayudar a las personas a seguir adelante con sus vidas a través de sus opciones de vivienda. Los clientes tienen la posibilidad de obtener una oferta instantánea en su casa de la empresa.

HOVER

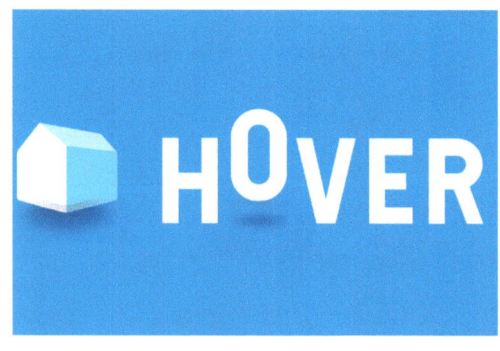

HOVER se centra en proporcionar a los clientes una representación precisa del espacio en el que podrían estar viviendo. Utilizando tecnología 3D, la empresa crea modelos interactivos de todas las casas enumeradas. La idea de que los propietarios se visualicen a sí mismos en un espacio, en lugar de mirar fotos de una propiedad, fortalece el potencial de venta de los listados. Incluso se pueden comprar varios productos y materiales directamente a través de la aplicación. También es posible que los clientes utilicen la tecnología 3D para visualizar cómo se vería una determinada característica, como un nuevo techo o ventanas, en una casa.

Proportunity

Proportunity es una empresa de tecnología financiera. La compañía continúa creciendo y recientemente realizó una gran inversión para fortalecer su plataforma de análisis y préstamos. Estas cosas utilizan IA para clasificar datos y préstamos para ofrecer a los compradores. Esta Start Up con sede en Londres se etiqueta a sí misma como una de las únicas empresas de "Ayuda para comprar" disponibles. La empresa gana dinero con sus préstamos con garantía hipotecaria que están vinculados a la apreciación de la vivienda, lo que significa que todos ganan dinero cuando aumenta el valor.

Houzen

Houzen está diseñado para emparejar inquilinos con propietarios. El sistema utiliza un algoritmo para encontrar los inquilinos adecuados a través de un análisis basado en datos, como la disposición a pagar de un consumidor. El objetivo de Houzen es optimizar los ingresos. Los propietarios tienen la capacidad de alquilar propiedades en tiempo real, similar a cómo se venden los boletos de avión, lo que permite que no haya superposiciones accidentales o espacios vacíos.

Compass

Piense en Compass como una descripción general de todo lo que posiblemente necesite saber sobre la casa que está buscando comprar. Esta empresa PropTech es una plataforma integral que ofrece soporte durante todo el proceso de compra y venta. Compass opera en 10 regiones de todo el país, desde la ciudad de Nueva York hasta Los Ángeles.

Hay diferentes tipos de Start Up y que debes entender que, si tienes una idea, pero no está en estos rubros, sigue adelante, la idea es transformar y mejorar la vida de las personas con nuevas tecnologías y que hagan un cambio para bien. Los 5 grandes rubros mencionados, usan diferentes tecnologías digitales, donde la captura de la data, el análisis y procesamiento y las salidas se dan todas a través de la nube. El usuario percibe los beneficios directamente desde un aplicativo móvil y la escabilidad a través de la conectividad está ocurriendo en todo el mundo siendo una empresa en potencia de convertirse en **Unicornios**.

Los Unicornios

Como sabemos, un unicornio es un animal mitológico y fantástico que aparecen en los cuentos de hadas y que muchos niños sueñan con tener uno. Basándose en la definición, en el 2013, Aileen Lee, la fundadora de Cowboy Ventures, fue la primera persona que introdujo el término al mundo de los negocios. Es así que la mención de unicornio significa que es una empresa tecnológica que alcanza un valor de mil millones de dólares en alguna de las etapas de su proceso de levantamiento de capital.

Si quieres ver lo que las ideas se pueden convertir, revisa conmigo las Start Ups con mayor valor del mercado en todo el mundo y llamados unicornios. Este analizado fue realizado por Hurun Research en el 2019 con un listado que se fundaron en la década del 2000 y que están valorizadas en más de mil millones de dólares.

Y la respuesta cae sobre su propio peso, es posible crear emprendimiento de esas magnitudes por personas común y corrientes, pues sí. Veamos que empresas son:

- Ant Financial: plataforma de pagos online propiedad de Alibaba con un valor de 150 mil millones de dólares **(mmd)**
- ByteDance: plataforma de contenidos 75 mil mdd.
- Didi: empresa de viajes en auto privado, su valor es de 55 mil mdd.
- Infor: firma de software empresarial valuada en 50 mil mdd.
- JUUL Labs: fabricante de cigarrillos electrónicos con un valor de 48 mil mdd.

- Airbnb: la compañía de alojamiento para viajeros está valuada en 38 mil mdd.
- Lufax: dedicada a activos financieros en línea y tiene una valoración de 38 mil mdd.
- SpaceX: la Start Up de Elon Musk de transporte aeroespacial vale 35 mil mdd.
- WeWork: firma de renta de oficinas compartidas ha alcanzado un valor de 30 mil mdd.
- Stripe: empresa que ofrece soluciones de pago e infraestructura de internet, su valoración es de 23 mil mdd.

En total suman más de 500 mmd, de los cuales, según el estudio, 206 empresas de nivel unicornio son de China y 203 de Estados Unidos.

Viendo lo que sucede en Latino América, según un estudio realizado por Luis Narro director de la Asociación Peruana de Capital Semilla y Emprendedor (Pecap) en el Perú, la inversión en el 20219 por parte de fondos de inversión y capitales ángeles llegó casi a 20 millones de dólares,

Se esperaba que en el 2020 pudiera sUperar los 40 millones de dólares en inversión en Start Up, pero el escenario fue negativo. Existen fondos en la realidad peruana que lo maneja ministerios de producción que permitirían hacer frente a la crisis y ayudar a muchos emprendimientos a sobrevivir. Es así que según un estudio el tiempo de vida de un emprendimiento del más del 77% es de 4 años, ahora por la pandemia puede llegar a 6 meses.

Capitulo II:
Etapas para crear una Start Up desde "Zero"

En este capítulo, se van a dar los lineamientos generales y no exclusivos para poder crear una Start Up dese Zero. Se incluirá las cuatro grandes etapas que se ha identificado y que dan una idea general de los pasos más importantes y las recomendaciones para crear un emprendimiento innovador y sostenible que perdure en el tiempo.

Las recomendaciones que se muestran en éste capítulo han sido resultado de observar a los emprendedores y sus emprendimientos cómo han evolucionado a lo largo del tiempo y de mi propia experiencia, y que han sido de gran utilidad para poder plasmar lo aprendido en la siguiente sección.

Lo que se describe a continuación, responde a la pregunta ¿Qué necesitas para emprender con innovación y tener la Start Up convertida en unicornio?

Etapas de una Start Up antes del Exit

Innova Yap

4 PASOS PARA EMPRENDER CON INNOVACIÓN

LA VISIÓN Y LA MOTIVACIÓN DE CADA UNO

¿QUÉ TE GUSTA HACER?

¿QUE QUIERES LOGRAR?

EDÚCATE Y CREA UN PLAN A DETALLE

¿COMO HARÁS QUE CAMINE TU EMPRENDIMIENTO?

- EDÚCATE PRIMERO: LLEVA CURSOS Y LEE LIBROS
- ENCUENTRA EL NICHO DE NEGOCIO
- ELABORA PLAN DE NEGOCIO:
  - ANÁLISIS INTERNO   - OPERATIVO
  - FINANZAS   - MARKETING

EJECUTA CON PASIÓN

SIGUE EL PLAN DE NEGOCIO
- CONTROLA TUS ACTIVIDADES
- CONTROLA TUS FINANZAS
- CONTROLA TU CALIDAD
- MEJORA LA REALCIÓN CON TUS CLIENTES

MEJORA CONTINUA

LECCIONES APRENDIDAS

SIGUE APRENDIENDO

SIGUE INNOVANDO

Scrum   Six Sigma   PMP

Aprende **PMP, Scrum y Six Sigma** en **InnovaYap** y sé más exitoso en tus emprendimientos

LOS 4 PASOS PARA EMPRENDER CON INNOVACIÓN
ELABORADO POR INNOVAYAP

Más información en:
www.innovayap.com

Existen cuatro etapas primordiales para poder crear tu Start Up y que te permitiría conocer el flujo y el proceso por el que el emprendimiento tiene que pasar para ser exitoso. Al finalizar la última etapa, podrás saber si la empresa sobrevivirá o podría reinventarse para ser más comercializable y sostenible.

Primera etapa: Definir tu idea y validarla

Es el primer paso para lograrlo, Va de la mano con la motivación y lo que te gusta hacer. Cuál es tu visión y como te ves a corto y mediano plazo. El análisis de mercado es necesario para validar la idea, para realizarlo necesitas del máximo de tu concentración pues vas a explorar y entender el potencial de tu idea leyendo indicadores de empresas que se pueden dedicar a actividades parecidas a tu idea, o relacionada a ella. El análisis de mercado es una herramienta para analizar de manera cuantitativa y cualitativa cómo se comporta a las personas que les vas a vender el producto y como se proyecta en el futuro.

Debes definir el tamaño de mercado, la competencia que existe, la propuesta inicial de valor que podrían aceptar tus clientes y otros aspectos. Para luego, entender bien cuáles son las fortalezas y las debilidades de tus ideas iniciales y de ahí reconocer si vale la penar invertir en esa idea.

Técnicas para detectar ideas innovadoras

Algunos consejos para ir creando ideas innovadoras se describen a continuación:

- Encuentra las ideas perfectas generando ideas locas, que cambien el cambio a las actividades y productos tradicionales del día a día.
- Creando otras necesidades. Por ejemplo, un producto como la miel puede usarse para tratamientos humectantes de la piel. Prueba dando otra utilidad a un mismo producto donde siempre hemos estado acostumbrados de usarlo.
- Altera el orden de las actividades cotidianas de tu día a día. Usar una loción previa a afeitarse para facilitar el rasurarse.
- La simplicidad frente a la complejidad. Mientras muchas personas agregan funcionalidades extras a un aplicativo, tu puedes simplificarlas

Segunda etapa: Elabora un plan de negocio

Un plan de negocio es una serie de planes documentados para analizar en detalle una idea de negocio, la potencialidad de la idea según un mercado actual, sector y entorno, donde se determinan las estrategias principales para hacer que la idea de negocio despegue y se vuelva rentable. El plan de negocio sirve además para presentar a inversores, incubadoras, aceleradores para recaudar financiamiento si lo requiere. El plan de negocio se actualiza y se adecua de acuerdo al momento de la Start Up.

Un plan de negocio te ayuda de la siguiente manera:

1. Es una hoja de ruta de la start up y de las estrategias que puedes seguir para ser exitoso llevar la idea de negocio a una estabilidad a largo plazo
2. Al tener un plan de negocio, tienes un análisis del sector en el que se enfoca el emprendimiento y de la competencia
3. Permite generar un autoconocimiento y definir claramente la proposición de valor del producto o servicio
4. Permite tener un análisis técnico y económico de proyecto innovador
5. Permite tener información relevante para comunicar el modelo de negocio a los inversores, socios y clientes
6. Permite generar una visión a corto plazo del futuro de Start Up

El plan de negocio tiene diferentes componentes entre los principales se pueden mencionar los siguientes:

Planes del Plan de Negocio

01 Plan de Operaciones

Se analiza como desarrollaras el producto o servicio y los procedimientos y procesos que implementaras para tener la calidad deseada

02 Plan de Finanzas

Permite definir como será el flujo de caja de la start up considerando Ingresos y egresos, ayuda de inversión TIR, VAN y sueles para ayudar a tomar decisiones o pueden usarlos para captar inversores sustentando el crecimiento de la start up.

03 Plan de Marketing

El plan de marketing se realiza con el fin de posicionar tu marca, el producto y servicio y capta clientes durante el tiempo de vida de la start up siguiendo los lineamientos y objetivos pre definidos.

04 Plan de Logística

En este plan se ve lo necesario para adquirir los materiales y todo tipo de insumo para poder crear el producto o servicio ofrecido a los clientes y persiste que tiene en engranaje pueda satisfacer la demanda requerida.

05 Plan de Ventas

El plan que permite proyectarnos en cuantas ventas se darían mensualmente y anualmente.

05 Plan de RRHH

El plan de RRHH permite analizar y organizar la empresa al organigrama, específicamente inicial y a futuro, específicamente cuando la start up alcance un nivel de madurez y crecimiento rápido de las ventas.

Creado por www.innovayap.com

El plan Operativo

Es donde analizas como desarrollaras el producto o servicio y que procedimientos y procesos implementaras para tener la calidad deseada. Adicional a ello, es un documento que describe la distribución de las instalaciones, los métodos y procesos productivo, y todas aquellas actividades que facilite la ejecución del plan estratégico productivo de la Start Up.

Este plan permite dar seguimiento de las actividades e interacciones con el personal involucradas directamente en el negocio. Los pasos para elaborar un plan operativo y las recomendaciones generales son:

1. Determinar los resultados a lograr y como medirlos
2. Detallar como se lograrán los resultados esperados
3. Definir los procedimientos y actividades de la operación de manera clara
4. Definir el plan de calidad y la calidad misma de producto o servicio a brindar al cliente
5. Determinar las personas involucradas en los procesos y las responsabilidades de los mismos
6. Definir los recursos requeridos para lograr el producto o servicio
7. Definir un plan de actividades con tiempos

El plan de Finanzas

Permite definir como será el flujo de caja de la start up considerando ingresos y egresos, retornos de inversión, TIR, VAN y como con ayuda de estos reportes puedes usarlos para captar inversiones dependiendo el crecimiento de la start up.

En conclusión, el plan financiero permite establecer los recursos financieros para realizar el plan de negocios, estableciendo los costos e ingresos y el financiamiento de un negocio. Permitiendo tomar decisiones sobre la viabilidad del mismo. Pasos para elaborar un bien plan de finanzas:

1. Evaluar y analizar la realidad en el momento previa de despegue de la Start Up
2. Establecer fondos necesarios y de donde adquirirlos
3. Predecir el capital según el crecimiento de la Start Up

4. Verificar y controlar los recursos que son limitados
5. Evaluar los riesgos y lo que puedan ocurrir externamente y tener acciones proactivas a implementar

El plan de Marketing

El plan de marketing se realiza con el fin de posicionar la marca, el producto y servicio y captar nuevos clientes a lo largo de la vida de la start up siguiendo los lineamientos y objetivos pre definidos. Se debe trabajar mucho inicialmente en una estrategia digital para captar los primeros clientes y permita ir desarrollando ese nicho de mercado hasta que empiece a despegar.

En resumen, es un documento que contiene la estrategia de todas las acciones a llevar a cabo para que una empresa consiga sus objetivos, en este caso la Start Up de conseguir un posicionamiento en el mercado y aumentar las ventas. Las recomendaciones generales para elaborar un plan de marketing son las siguientes:

1. Análisis de la situación interna y externa de la Start Up
2. Definir los objetivos semanales, mensuales y anuales
3. Definir las estrategias claras
4. Elaborar un plan de acciones y tácticas según la estrategia definida
5. Tener una línea de tiempo de las acciones a tomar o campañas de marketing
6. Evaluar el presupuesto para las campañas
7. Monitorear y controlar como avanza la estrategia de marketing y si alcanzan o no los objetivos para ajustar la estrategia

El plan de Logística

En este plan se ve lo necesario para adquirir los materiales y todo tipo de insumo para poder crear el producto o servicio ofrecido a los clientes y permita que todo el engranaje pueda satisfacer la demanda requerida.

En resumen, en el plan se establecen todos los objetivos de logística de la Start Up, para aprovisionarnos de suministros que permitan crear el producto y el servicio así mismo la gestión de entrega de estos servicios y productos a los clientes. Las recomendaciones para elaborar un plan de logística son las siguientes:

1. Calcular la necesidad de la empresa en términos ventas proyectadas para adquirir los insumos
2. Evaluar a los proveedores más idóneos
3. Elaborar proyecciones de almacenamiento de productos si se requiere
4. Elaborar un plan de distribución
5. Evaluar si existe una posibilidad de automatizar el abastecimiento de productos y la distribución del mismo

El plan de Ventas

El plan que permite proyectarnos en cuantas ventas se darán mensualmente y anualmente. Esto permitirá analizar las estrategias en temas operativos, finanzas, logístico, marketing y recursos humanos y ajustar todos los números ya planteados. Para realizar un plan de ventas se deben seguir los siguientes pasos:

1. Identificar el servicio o producto a vender e identificar los clientes potenciales y plantear un número aproximado
2. Hacer las proyecciones numéricas
3. Realizar un seguimiento y corrección de los números
4. Analizar los canales de venta (digital o presencial)
5. Determinar la fuerza de ventas, quiénes realizarán esa labor
6. Evaluar una estrategia de postventa

El plan de Recursos Humanos (RRHH)

El plan de RRHH permite analizar cómo vas a organizar el organigrama de la empresa al inicio y a futuro, específicamente cuando la Start Up alcance un nivel de madurez y crecimiento rápido de las ventas.

En resumen, el plan RRHH determina la estructura y el organigrama de la Start Up según la etapa de crecimiento de la empresa y que además de definir los puestos se describan las capacidades que se necesite en cada puesto. Las recomendaciones para elaborar un plan de RRHH son las siguientes:

1. Definir el organigrama de la empresa
2. Establecer el equipo directivo
3. Identificar y describir los puestos de trabajo

4. Definir la política de recursos humanos
5. Determinar las políticas operativas y de comportamiento en el trabajo

El tema de financiamiento es muy crítico en el planeamiento del trabajo a realizarse. Se hablará en el siguiente capítulo.

Adicional al plan de negocio, recomiendo la educación de metodologías en dirección de proyectos tradicionales y agiles por lo que el conocimiento en Gestión de Proyectos y Metodologías agiles es muy recomendable, también hacer uso de herramientas y metodologías de mejora continua ayudara a perfeccionar y dar más rentabilidad al negocio. El uso de Six Sigma permitirá hacer Lean a tu Start Up, lo cual significa reducir los desperdicios.

Tercera etapa: La ejecución

La ejecución de un plan de negocio, es práctico y necesita seguir básicamente el plan operativo, donde en el caso de diseñar un producto nuevo de aplicación se conseguirán los materiales, se ensamblará, se verificará la calidad. Además de ellos ya iniciar con el posicionamiento de la imagen basados en el plan de marketing, además el tema financiero es importante, dependiendo el plan cuando y como se inyectará capital. Puede ser que se necesite capital para producir 2 o 3 productos, pero no se tiene el capital para hacerlo pues te pueden pagar después de fabricarlo. Ver los tiempos de cómo se requiere el capital y ver la manera de financiar según hemos visto las diferentes formas de adquirir capital en el capítulo previo. También ver el tema de as logísticas, según el plan, ver cómo se va a entregar el producto, ver temas de adquisición de materias primas, los tiempos que llegaran en otros y finalmente según el plan de ventas monitorear y ver tendencias de compra de los productos.

La ejecución es progresiva y permite ir afinando y haciendo correcciones en el plan puesto se conocerá mejor el mercado y puede ir incorporándose características adicionales a cómo e había pensado el producto o servicio inicialmente.

Cuarta etapa: La mejora continua

La mejora continua irá de la mano con la ejecución pues el objetivo en esta etapa es llegar a tener un producto o servicio que haya despegado y que veamos una gran satisfacción del cliente y por ende ventas mayores en intervalos cortos. Para poder realizar una mejora continua que permite lograr el despegue de un producto se necesita aplicar metodología Lean Start Up en donde vamos a centrarnos realmente y enfocarnos en el cliente e ir perfeccionando y disminuyendo los desperdicios que tengamos en cada proceso de nuestra start up. Por ejemplo, mejorar en las características del producto y servicio en un corto tiempo, mejorar los tiempos de atención a los clientes, mejorar la logística de adquisición de materiales, mejorar la campaña de marketing e ir posicionándonos en segmentos claves.

Todo lo relacionado a la mejora continua en esta etapa de la start up nos permitirá pulir nuestro producto y servicio que se brinda al cliente y realmente haber resuelto el problema clave y empezar a ser una empresa sostenible y rentable.

Las 5 fases de crecimiento de una Start Up

Las fases de crecimiento es un proceso complementario a la definición de etapas vistas en la sección anterior, te permite analizar la evolución de tu Start Up en función a los costos y actividades generales en cada fase de crecimiento del emprendimiento.

Pre-Semilla (Pre Seed)

Es la etapa inicial de tu emprendimiento, es donde nace la idea y concepción del negocio y dónde vas a concretizar un producto o servicio. Se tiene la idea y vas buscando colaboradores que también creen en la idea hasta el punto de materializar la idea de negocio. En esta etapa, si tu plan es buscar socios, tiene que tener un discurso o "Pitch Motivador", el cual permitirá mostrar la pasión que tienes por la idea y las expectativas para liderar y lograr que el proyecto del negocio se haga realidad.

En esta etapa tú y tu equipo asumen los primeros costos, también puedes solicitar a amigos y familiares para dar ese primer paso hacia un gran emprendimiento. En otros países como en USA, se tienen fondos llamados FFF (Friends, Family and Fools) el cual permite conseguir esa inversión para despegar.

En esta etapa puedes sumarte a una incubadora o aceleradora el cual la función de estos centros especializados es brindarte asesoría especializada y consejos de profesionales que te van a permitir consolidar la y que el crecimiento de la Start Up sea más fácil.

Semilla (Seed)

Es la más importante de todas las etapas de crecimiento del emprendimiento puesto que se valida el modelo de negocio y se hace realidad el emprendimiento. Se tiene que desarrollar un Producto Mínimo Viable (PMV) el cual se testea en el mercado con clientes que podrían o no comprar el producto a futuro. En esta etapa se puede usar metodologías ágiles las cuales permiten testear iterativamente el producto en plazos cortos para poder afinarlo y que esté acorde a las necesidades del cliente.

Cuando se tenga un testeo final y un "feedback" sólido de los clientes, el emprendimiento va empezar a crecer. Es por ello que ya se necesitará un capital adicional y por lo que empieza la búsqueda de mayores inversiones, en donde se puede tocar la puerta de aceleradoras, inversionistas ángeles, o fondos que existen dirigidas a Start Ups en etapas tempranas. Los gobiernos también podrían tener bolsas económicas llamadas capital semilla que ayudará bastante al emprendimiento.

Temprana (Early)

Cuando las estadísticas y el estudio de mercado hayan sido validadas usando para ello el PMV, donde el producto o servicio haya sido probado por muchos potenciales clientes, todo el conocimiento recibido tiene que ser dirigido a pulir el producto o servicio. Es así que el producto va tener una madurez suficiente para crecer exponencialmente.

En esta etapa ya se puede ver reflejado la consolidación de la marca y los acuerdos comerciales iniciales. Se requiere seguir aumentando el capital para la empresa, puesto que a medida que más clientes compren el producto, los costos operativos van a ir incrementándose. En esta etapa la financiación no puede ser muy difícil puesto que hay un producto vendible y comercializable.

Crecimiento (Growth)

En esta etapa el emprendimiento se ha consolidado y satisface una demanda específica en el mercado. Se tiene clientes recurrentes y además unos indicadores positivos en torno a las ventas e incremento de clientes. Hay muchos comentarios y el marketing "voice to voice" comienza a hacerse notar. En esta etapa se tiene que pensar en crecer sostenible y de retener a los usuarios del producto e incrementar nuevos clientes.

La actualización del producto se tiene que mantener para ir de acuerdo al mercado, pero sin cambiar la esencia de lo emprendido. Las actualizaciones son menos frecuentes, pero existen. En temas económicos, el emprendimiento ya comienza a verse más en números positivos, donde el flujo de caja comienza a crecer también de forma exponencial.

Expansión (Expansion)

En esta etapa el emprendimiento se internacionaliza y se puede ir diversificando y crear más segmentos. Puede ser el momento de abrirse a otros mercados de otros continentes. Para lograr ese crecimiento internacional, es importante las alianzas de empresas existentes en el mercado donde se quiere ingresar y que pueden acortar el tiempo de aceleración del emprendimiento.

En la etapa de expansión puede darse el caso de poder vender la compañía una Oferta Pública de Venta o OPV, en el que la empresa puede salir a la venta. Ha ayudado a muchas empresas a consolidarse, como Facebook o Tesla.

Es importante que sepas en qué etapa de tu emprendimiento estás para poder tomar las mejores decisiones en todo el proceso de crecimiento de tu idea. Recalcar que el tema del financiamiento en las primeras etapas es lo que hace la diferencia para crecer o desaparecer. Considera todas las fuentes posibles y si crees en tu emprendimiento con pasión, otros creerán en ti y te ayudarán a buscar el financiamiento que se requiere.

Capitulo III:

El financiamiento, la incubación y la aceleración de las Start Ups

En este capítulo aprenderemos sobre la ruta para financiar las Start Ups, además del crowdfunding, las incubadoras y aceleradoras de negocio y los mejores concejos para presentar las ideas a los inversionistas

La ruta del financiamiento de las Start Ups

El ecosistema de las Start Ups depende de la inversión y de cómo la economía real se desempeña, es por ello debido a la pandemia del COVID 19, se ha vuelto más difícil conseguir capital. Es por ello que las Start Ups se van a retraer globalmente, por lo que va existir más cautela en asumir riesgos de inversión de Venture Capital.

Todos los inversionistas pondrán una mejora tención en su portafolio ante que invertir en Start Ups nuevas. Así también afectará la valorización de las empresas cuando los emprendedores salgan buscar financiamiento, y en conclusión vemos que las Start Ups están conectadas a la economía real mundial y que son afectadas por igual que cualquier sector.

Así también como habrá reducción en inversiones de capital en Start Ups innovadoras, va haber casos exitosos donde compañías interesantes e innovadoras saldrán de la crisis. Seguirán inversiones en las buenas ideas y en emprendedores apasionados en lograr el éxito con sus ideas.

En esta realidad, las Start Ups tienen que seguir un flujo y proceso para adquirir financiamiento, y eso depende también de la etapa de vida de la Start Up. A continuación, se narra un flujo real de cómo se adquiere capital y se levanta capital desde Zero.

1. Primero, si ya hay una idea de negocio, lo que se requiere es el capital para poder armar un producto mínimo viable y hacer pruebas. Ese producto se entrega al cliente para ser testeado y se tiene el primer "feedback" del producto.

2. Segundo, el emprendedor tiene que analizar si el producto tiene algún nicho de mercado, es decir si el mercado quiere comprarlo. El dinero requerido en esta etapa es para el marketing y rediseño del producto o servicio según la expectativa del mercado.

3. Luego de ello sigue una etapa de capital semilla, en la que se levanta capital de trabajo para perfeccionar la idea, sino también para analizar y evaluar si funciona el mercado. Se puede buscar financiamiento en

redes sociales, y lo ideal es poder ser parte de incubadoras de negocio y aceleradoras que puedan ayudar en el proceso.

4. Cuando sea positivo la receptividad del mercado, lo siguiente que se debe pensar es en tener un producto rentable y eficiente. Se tiene que tener un equilibrio entre lo que ponen los inversionistas y lo que da el emprendedor. Puede ser que habiendo un buen mercado y se requiere un capital para ser sostenible, tiene que haber un intercambio de capital por acciones de la Start Up.

5. Finalmente, para la etapa de escalamiento, se requiere un capital denominado de serie A, en donde se evalúa la potencialidad de internacionalizarse y además se evalúa la conexión con el mercado. Se revisará las finanzas iniciales de la empresa y permitirá tener más recepción de inversionistas y más dinero.

Es importante recalcar que cada empresa tiene sus tiempos para crecer. Lo más importante es validar la idea de negocio en un mercado pequeño. Es por ello que el capital inicial para validar la idea representa el 50% de importancia para evaluar y definir el futuro del Start Up.

Innova Yap

COSTOS DE UN STARTUP

El plan de negocio te indica los costos que vas a incurrir en tu emprendimiento

GASTOS DE INVESTIGACIÓN DE MERCADO

Se requiere hacer una investigación y análisis de mercado para poder conocer data importante de los consumidores y de la competencia. Los costos que puedes incurrir es básicamente la suscripción de empresas que analizan empresas a nivel mundial y el cobro no es muy alto como Boardfy o Kompyte.

¿Dónde jugar?

COSTOS DE PERMISOS Y LICENCIAS

En todo el mundo las empresas gastan y se toman en inspecciones y autorizaciones sanitarias, así como en obtener licencias y permisos empresariales.

COSTOS OPERATIVOS

Toda empresa necesita gastos en equipos, suministros, desarrollo del producto, alquiler de un espacio o compra del mismo, costo de mano de obra y servicios generales.

Si vas a empezar reduce los gastos emprendiendo desde casa.

PUBLICIDAD Y PROMOCIÓN

Se tiene que tener una estrategia de marketing y sobre todo digital. Cada día más y más personas consume contenido en línea y hace transacciones online. Forja un pilar con las redes sociales para promocionar tus productos.

COSTOS DE PRÉSTAMOS

La financiación para emprender es un primer paso para sacar adelante el proyecto innovador. Trata de financiarte con las mejores tasas de los bancos o préstamos de amigos o familiares para empezar.

Creado por www.innovayap.com

Formas de financiamiento para las Start Ups

Lograr financiamiento a tu idea emprendimiento innovador es complicado, pero no imposible. Para la primera etapa de validación se puede usar opciones como:

Capital semilla. Viene de familiares y del entorno cercano y se basa el préstamo de dinero en la confianza, conocimiento y pasión que tengan los emprendedores. Por lo general es suficiente la ronda semilla para validar el producto mínimo viable y verificar la potencial idea de negocio.

Inversionistas Ángeles. Son los inversionistas privados y las inversiones se dan en la marcha del negocio emprendedor. En base a resultados iniciales del negocio, se puede presentar el flujo de caja inicial y con ello solicitar el dinero necesitado.

Préstamos y créditos bancarios. Se requiere presentar el estado financiero del negocio por lo menos de seis meses y que sean positivos con proyecciones interesantes. Igual, tener en cuenta que el interés puede ser alto, pero puede ayudar a darle ese crecimiento que se necesita.

Crowdfunding. Es un medio muy efectivo y que está permitiendo a muchas Start Ups sobrevivir y crecer. Se hace vía online en donde se muestran los proyectos y sus necesidades económicas usuarios donan capital para hacer realidad los proyectos. Podrían donar el dinero si es una causa social, como idear un producto que ayudaría muchas personas. En el otro caso se da el dinero con un interés mínimo o acciones de la empresa cuando sea sostenible.

En resumen, relacionando el dinero invertido en el Start Up con el proceso del ciclo de vida del mismo, se puede decir que el capital semilla le permite dar sus primeros pasos, el capital ángel tiene como propósito lograr su expansión; y los Venture Capital se otorgan a los proyectos que han logrado una madurez suficiente para expandirse fuera del país.

FORMAS DE FINANCIAMIENTO PARA LAS START UP

CAPITAL SEMILLA

Viene de familiares y del entorno cercano y se basa el préstamo de dinero en la confianza, conocimiento y pasión que tengan los emprendedores. Por lo general es suficiente la ronda semilla para validar el producto mínimo viable y verificar la potencial idea de negocio.

INVERSIONISTAS ÁNGELES

Son los inversionistas privados y las inversiones se dan en la marcha del negocio emprendedor. En base a resultados iniciales del negocio, se puede presentar el flujo de caja inicial y con ello solicitar el dinero necesitado.

PRÉSTAMOS Y CRÉDITOS BANCARIOS

Se requiere presentar el estado financiero del negocio por lo menos de seis meses y que sean positivos con proyecciones interesantes. Igual, tener en cuenta que el interés puede ser alto, pero puede ayudar a darle ese crecimiento que se necesita.

CROWDFUNDING

Es un medio muy efectivo y que está permitiendo a muchas Start Ups sobrevivir y crecer. Se hace vía online en donde se muestran los proyectos y sus necesidades económicas usuarios donan capital para hacer realidad los proyectos.

CREADO POR WWW.INNOVAYAP.COM

Para recordar, el Venture Capital, es el capital emprendedor que cuenta con fondos de inversión temprana los cuales arman portafolios de inversión para Start Ups, son fondos que invierten en más de una Start Up.

Para que una Start Up sea atractiva para un inversionista y generen la confianza para poder invertir en la propuesta son:

1. Experiencia en el sector

   El equipo del emprendimiento necesariamente tiene que tener experiencia en el sector que trabaja. Como dicen zapatero a su zapato. Esa experiencia del rubro del negocio hace que el emprendimiento crezca adecuadamente y por el mismo hecho de tener un equipo experimentado se reduzca los riesgos. Identificando las fortalezas y debilidades del emprendimiento y tomando las acciones correctivas para seguir mejorando.

2. Capacidad de escala en la región

   Un inversionista toma mucha importancia en el modelo de negocio propuesto por el emprendimiento y tiene que tener el planteamiento adecuado para poder crecer e internacionalizarse. Ese modelo de negocio tiene que caracterizarse por la factibilidad de ser replicado en cualquier país y si es así aumenta las probabilidades de éxito y poder acceder a más financiamiento.

3. Equipo diverso

   Tener diversidad de profesionales en el equipo del Start Up permite generar más confianza en los inversionistas, ya que, esa diversidad permite resolver los problemas con diferentes perspectivas y generar una solución más robusta. La equidad de género es un punto también importante que generar mayor aceptación entre los inversionistas.

4. Ingresos recurrentes

Se necesita que el emprendimiento tenga formas de ingresos y que haya un flujo de caja constante. Puede usarse como evidencia, el incremento de suscriptores por una tarifa plana, contratos exclusivos, servicios de tarifa variable y otras posibilidades.

El dinero en la primera etapa es clave, y el capital inicial mucho depende del tipo de emprendimiento que deseas hacer, pude ser un aplicativo móvil o un equipo automatizado, pero la idea es con este dinero testear el mercado construyendo un PMV, adquirir lo necesario y hacer las primeras ventas.

Es importante mencionar que cuando adquieres inversionistas debes pensar en valorizar tu empresa y ofrecerles acciones según sea la etapa correcta de crecimiento de la Start Up. Puedes incrementar las acciones de la empresa al inversionista por metas complicadas, ya sea por ejemplo vender más de 2000 productos al mes o abrir 3 tiendas al año. Te tienes que asesoras bien con un abogado pue tener accionistas en tu empresa es como un casamiento y se deben tener normas de convivencias bien claras.

Los Crowdfunding

El concepto de crowdfunding ha ido madurante y convirtiéndose en una oportunidad para levantar capital y lograr muchos proyectos innovadores de diferentes índoles. El concepto ha ido evolucionando y se ha definido como la financiación colectiva de personas privadas a un proyecto o idea que se desarrolla principalmente en el ámbito digital.

Hay muchas etapas para poder levantar capital del crowdfunding, a continuación, se describen las más relevantes:

- **Presentación de las ideas**

En esta etapa el emprendedor presenta su propuesta de un proyecto innovador en una plataforma de crowdfunding. Básicamente se describe el detalle de la idea, la cantidad de dinero que requiere, el porqué de la recaudación del dinero y el tiempo que requiere para co financiarlo.

- **Valoración del proyecto innovador**

Una vez que se encuentre en línea el detalle de la propuesta, es valorado por la comunidad o la plataforma misma

- **Publicación**

Se publica la propuesta en línea y se da el plazo pre establecido por el emprendedor.

- **Promoción**

La promoción de la idea es realizada por la plataforma virtual y se espera tener la recaudación necesaria ene l tiempo establecido

- **Cierre del proyecto**

Se ve al finar del tiempo establecido si la recaudación cumplió sus objetivos.

En general en los modelos crowdfunding, los inversores no esperan nada a cambio por ser proyectos de responsabilidad social y de impacto humano. Los modelos de crowdfunding que se pueden implementar podríamos mencionar las siguientes:

Crowdfunding de donación

Es el modelo más conocido, en el que se recauda dinero sin esperar nada a cambio. Son financiados proyectos sociales, de educación, apoyo a comunidades en abandono, cuidado del medio ambiente y otros.

Crowdfunding de recompensa

Es un modelo en el que se recibe algún beneficio. Por ejemplo, si se está realizando un diseño de un equipo que puede ser útil a nivel mundial, al que invirtió puede darse algunos privilegios cuando el producto sale al mercado como un descuento especial u otra recompensa.

Crowdfunding de inversión

Ser recibe una participación de la empresa como acciones según el capital que se entregue al proyecto. Cuando la idea despegue y comienza a facturar el inversor por ser accionista tiene utilidades y puede tomar decisiones.

Crowd lending

Es cuando por la inversión, el inversionista obtiene rentabilidad en forma de intereses en un determinado tiempo.

Crowd factoring

En este modelo, lo que se recauda para el emprendimiento es devuelto con intereses. Teniendo pagarés comprometidos, la empresa recibe un adelante y cuando cobra los pagarés devuelve el dinero con los intereses. Este modelo depende de la confianza y la confiabilidad de la plataforma donde se hace la inversión.

El crowdfunding es una opción bastante interesante y que está ayudando a muchos innovadores y emprendedores financiar sus ideas. Aunque no es fácil levantar capital de esta manera, es una forma de crear campañas de proyectos innovadores y de fin social que podrían ayudar a muchas personas.

Innova Yap

TIPOS DE CROWDFUNDING

CROWDFUNDING DE DONACIÓN

Es el modelo más conocido, en el que se recauda dinero sin esperar nada a cambio.

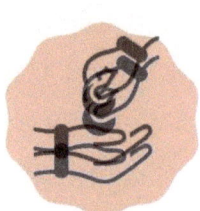

CROWDFUNDING DE RECOMPENSAS

Es un modelo en el que se recibe algún beneficio. Por ejemplo, si se está realizando un diseño de un equipo que puede ser útil a nivel mundial, al que invirtió puede darse algunos privilegios cuando el producto sale al mercado, como un descuento especial u otra recompensa.

CROWDFUNDIN DE INERSIÓN

Ser recibe una participación de la empresa como acciones, según el capital que se entregue al proyecto.

CROWD LENDING

Es cuando por la inversión, el inversionista obtiene rentabilidad en forma de intereses en un determinado tiempo.

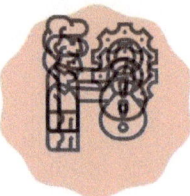

CROWD FACTORING

En este modelo, lo que se recauda para el emprendimiento es devuelto con intereses. Teniendo pagarés comprometidos, la empresa recibe un adelante y cuando cobra los pagarés devuelve el dinero con los intereses.

Creado por www.innovayap.com

La incubadora de negocio para aumentar la probabilidad de éxito de las Start Ups

Las incubadoras de negocios son instituciones que impulsan el crecimiento y buscan el éxito de todo emprendimiento que se está formando y creciendo. Cada vez más emprendedores buscan ser parte de las incubadoras inclusive desde que su emprendimiento es una simple idea. Además de ello, muchas empresas buscan ser parte de las incubadoras puesto que pretenden re definir su modelo de negocio o explorar otros productos para desarrollarles con ayuda de la incubadora.

En todo el mundo existen incubadoras de negocio, siendo su origen en Sillicon Valley, Estados Unidos, desarrollando el concepto en la década de los 50. En la universidad de Stanford se creó el primer parque tecnológico que permitió la trasferencia tecnológica de la universidad a la empresa. Basándose en esa experiencia, se promovió a nivel mundial la importancia de asesorar a las ideas innovadoras y fomentar su desarrollo dando inicio al concepto de incubación.

Las incubadoras dan las herramientas necesarias y la experiencia de grandes profesionales para dar ese impulso a los emprendedores y sus emprendimientos, generando una confianza y asistencia para convertir las ideas en realidad. Así, por ejemplo, el plan de negocio, y los diferentes planes de una empresa pueden ser armados en conjunto con la incubadora y sus profesionales.

Los objetivos de una incubadora de negocios, pueden ser resumida en los objetivos mencionados a continuación:

- Impulsar y apoyar a la creación de nuevas empresas sostenibles
- Minimiza los riesgos de fracaso de un nuevo emprendimiento
- Mantiene en alta probabilidad el éxito de un nuevo negocio
- Da seguimiento y colabora con el crecimiento del negocio

Es así que, para poder ser parte de una incubadora, muchas de ellas evalúan la viabilidad técnica, financiera y de mercado de una o varias ideas, basándose en un análisis de un plan de negocio bien estructurado. Pasando esas primeras evaluaciones, y entendiendo que la idea tiene un gran potencial, la incubadora va a dar mayor soporte para afinar el pand e negocio, desarrollar un plan de marketing y ventas, y dan un espacio físico y virtual con todos los accesorios necesarios para crear un ambiente idóneo para un emprendedor en potencia.

Las etapas de incubación son tres:

Pre-incubación

Se evalúa y se realiza un análisis de la idea de negocio, se comprueba si es viable o no y si es viable, se determina cual es la mejor forma de ponerla en práctica. En esta etapa se afina o crea el plan de negocio de tal manera que sea robusta y lista para la acción. Además de ello, se puede evaluar la mejor forma de como ejecutar el plan de acción. Esta etapa puede tomar entre 2 a 3 meses.

Incubación

Es la etapa de asesoramiento para la ejecución del plan de negocio. A lo largo de un año se ve la evaluación del negocio innovador, se hacen ajustes, se busca la validación del producto y finalmente puede ayudar a lanzar la Start Up en rondas de inversión. Se da el asesoramiento de los expertos y se pueden dar esos asesoramientos según diferentes áreas, como área operativa, marketing, logística, legal, recursos humanos o finanzas.

Post Incubación

Cuando ya se haya sacado el producto al mercado, luego de la fase de incubación, se hace un seguimiento y control de la evolución en el mercado del emprendimiento. Se analizan las expectativas de crecimiento y expansión. Se sigue manteniendo un apoyo de expertos, las asesorías, dar el espacio físico para hacer los análisis de la evolución del emprendimiento. Para que luego, después de seis a un año, la empresa logre tener esa madurez para ir sola y seguir creciendo.

La importancia de la incubación radica en la oportunidad que tienen las Start Ups de mediante una idea de alto potencial, no desaparezca y se concrete el éxito del emprendedor y su emprendimiento. Básicamente la incubadora aporta el "Know How", saber hacer, lo necesario para que inexpertos en la materia puedan aspirar a llegar a ser emprendedores exitosos.

¿Qué son y en qué se diferencia las aceleradoras de las incubadoras?

A diferencia de las incubadoras, las aceleradoras se dedican, según su mismo nombre, a acelerar un proyecto que ya está en desarrollo. Su objetivo es que el emprendimiento tenga ganancias y rentabilidad real ni bien salga al mercado.

Es por ello que para las aceleradoras es importante usar herramientas agiles que faciliten la transición entre ideas sólidas a hechos reales. Así, teniendo esto presente, tener un buen "coach" o mentor en esta etapa es clave para acelerar un emprendimiento.

Las mejoras incubadoras del Mundo 2021

La Asociación de Innovación Empresarial Internacional con sede en EE. UU. Estima que hay alrededor de 7,000 incubadoras en todo el mundo.

Estas son el top 5 de las incubadoras de Start Ups más reputadas del mundo:

1. Y Combinator, USA

Y Combinator se considera el acelerador de Start Ups de mayor reputación en todo el mundo. Es prácticamente una de las incubadoras de Start Ups más antiguas que ha acelerado el éxito de Dropbox, Airbnb, Instacart, Stripe, Twitch, Coinbase, Weebly y Reddit.

Destacar:

- Lo que dan: $ 150,000 a cambio de un 7% de capital.
- Start Ups financiadas: más de 2000
- Salidas: 246

2. Techstars, USA

Fundada en 2006 con presencia en más de 15 países, Techstars es una red mundial que permite a los empresarios presentar tecnología avanzada en el mercado sin importar dónde elijan vivir. Techstars ayuda en términos monetarios, asiste en consultas y acelera las Start Ups. Su programa de aceleración ha producido más de 1,000 empresas valoradas en más de $ 8 mil millones. Techstars Venture, el fondo de capital de riesgo de la aceleradora, ha invertido en empresas como Uber, DigitalOcean, twilio y SendGrid, entre otras.

Destacar:

- Lo que dan: un billete convertible de $ 100,000, de los cuales TechStars aporta $ 20,000 a cambio de un 6% de capital.
- Start Ups financiadas: 1,557
- Salidas: 204

3. 500 Start Ups

Fue fundada en 2010 y ubicada en San Francisco, California. 500 Start Ups es una empresa de capital riesgo a nivel mundial, con 150 empleados de 20 países que gestionan inversiones en 74 países. Su objetivo principal es inventar ecosistemas prósperos en todo el mundo mediante la innovación de fundadores hábiles y apoyarlos para progresar a través de un programa de semillas de 4 meses. Su departamento de inversiones y su red de mentores tienen sabiduría funcional en empresas como PayPal, Google, Facebook, Instagram, YouTube, Yahoo, LinkedIn, Twitter y Apple.

Destacar:

- Lo que dan: $ 150.000 a cambio de un 6% de capital. Acceso a la red, inversores y expertos y espacio de trabajo gratuito. Tenga en cuenta que hay una tarifa para participar en el programa. Que es $ 37,500
- Start Ups financiadas: 2.200
- Salidas: 190

4. Venture Catalysts

Fundada en 2016, Venture Catalysts, la primera incubadora integrada de la India, se considera en general como la principal incubadora de empresas emergentes del país, lo que no es poca cosa dada su corta existencia.

Destacar:

- Lo que dan: capital de riesgo en el rango de $ 500,000 a $ 1 millón, así como orientación, mejora de habilidades, tutoría y redes con pioneros de la industria

5. Start UpBootCamp

Fundada en 2010, Start UpBootCamp ejecuta programas de tecnología de Internet de las cosas, tecnología financiera, InsurTech y alimentos en todo el mundo, incluidos Singapur, Londres, Ciudad de México, Mumbai, Dublín, Dubai, Ámsterdam y muchos más. Start UpBootCamp ha acelerado Start Ups con una suma media de patrocinio de 1.168 millones de euros. Start UpBootCamp organiza programas de tres meses altamente enfocados y profundos en diferentes ciudades, enfocándose en industrias específicas.

Destacar:

- Lo que dan: Cada programa de 3 meses viene con 15.000 € para el 6-8% del capital social, más de 450.000 € en servicios para socios y 6 meses de trabajo colaborativo gratuito.
- Start Ups financiadas: 424
- Salidas: 22

Obtener el apoyo de las incubadoras de empresas emergentes puede ser una excelente manera de ahorrar en los recursos que gastaría si intentara resolver las cosas por su cuenta.

Capítulo IV:
Mi experiencia en la creación y dirección de Start Ups

En este capítulo menciono a 3 emprendimientos que me dieron grandes lecciones aprendidas y que comparto a continuación

Liderando mis propios Start Ups, la experiencia de un emprendedor

En este capítulo hablaré de varios emprendimientos donde me he involucrado, y principalmente se trataron de la creación de equipos de tecnologías, servicios diversos y productos finales listos para consumir.

Water Air

Water Air es considero un emprendimiento social en el rubro de Agritech y su fin es la generación de agua a partir de la condensación de la humedad del ambiente usando energías renovables.

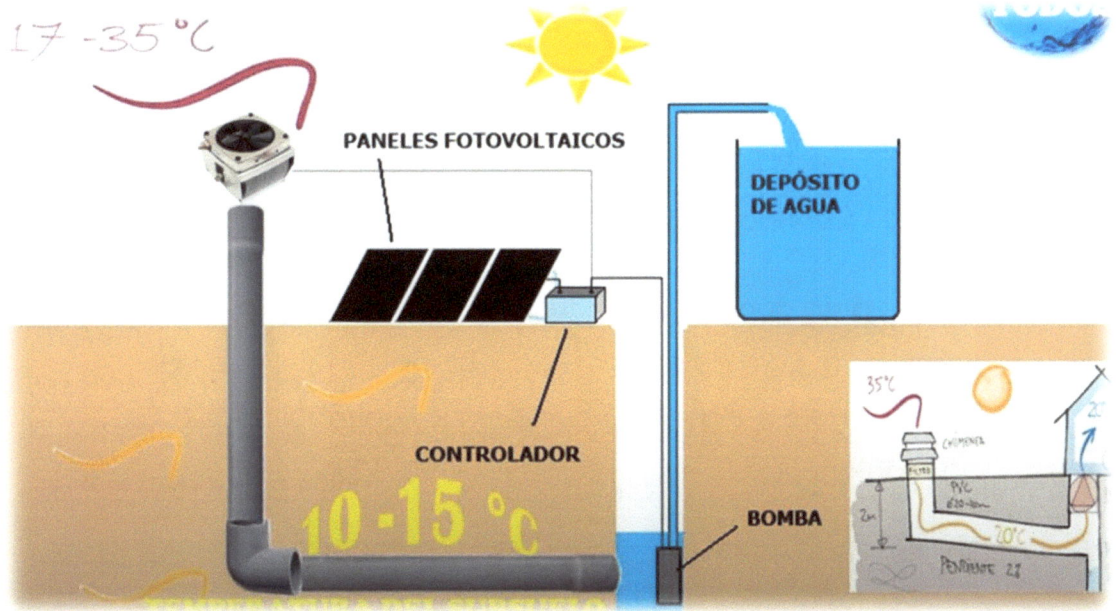

Este proyecto nació como una necesidad para generar agua en ambientes secos y donde muchas personas carecen de este elemento esencial y tiene que pasar momentos difíciles para conseguirlo. Cuando estaba en los terrenos de un familiar y viendo una pobreza aguda, vi la necesidad de conseguir agua de alguna forma. Es por ello que, con mis conocimientos de ingeniería y mis conocimientos en termodinámica, me ayudaron a entender mejor la tecnología que podría aplicar.

Siguiendo las etapas antes mencionados para crear una Start Up, lo primero que tuve en mente fue mi visión y motivación hacia un tema social que me dio el impulso para involucrarme al 100% de mi tiempo en un proyecto innovador para idear un equipo de bajo costo que produzca agua. Adicionalmente a ello fue pensar en la rentabilidad de esta idea innovadora a corto y mediano plazo. Luego de tener una visión y motivación clara, tuve que validar la idea y para ello la base tecnológica y la simulación técnica de algún prototipo me permitió ver la factibilidad del concepto que tenía.

Es así que me avoqué a estudiar y evaluar principios y tecnologías existentes por más de 2 meses, y luego de ello encontré una solución que podría simularle con programas de ingeniería y así probar mis cálculos teóricos. La idea que se me ocurrió es un sistema de tuberías ubicadas debajo de la tierra que permitiera usar la diferencia de temperaturas entre la humedad del aire y la menor temperatura de la tierra para condensar agua. Usando adicionalmente un ventilador unido con una batería que se recarga con energía solar, permitiría ingresar aire al sistema de tuberías y por la diferencia de temperatura condensar el agua del aire.

El agua que se condensa dependería mucho de la circulación de aire y la diferencia de temperatura del aire que ingresa y las paredes internas de la tubería. Por lo que para generar más agua necesitas tuberías más largas y una ventilación más rápida. Para determinar el diseño óptimo del sistema, tuve que usar sistemas de software e ingeniería que permita corroborar las dimensiones del sistema para obtener agua en cantidades de 20, 1000 y 20000 litros por día.

Al usar software como SolidWork, pude comprobar mis cálculos teóricos y usarle para afinar los diseños que tenía en mente. Es así que, al poder probar mi idea innovadora, di el siguiente paso para poder tener un Producto Mínimo Viable es así que inicié la construcción del prototipo con un capital propio. Para extender las pruebas del sistema logré ganar un financiamiento externo y me está sirviendo para terminar de afinar el producto.

El plan de negocio que me permitió concretar la idea y poder llevarle a un nivel de comercialización, está compuesto por un plan operativo, que básicamente da los lineamientos para la fabricación del producto, donde tengo planos generales, además de la lista de materiales y procedimiento de ensamblaje. Segundo, el plan de marketing, donde contemplo el uso de redes sociales y una página web para promocionar el sistema considerando campañas de marketing digital cada tres meses. Tercero, el plan de finanzas, donde he realizado un flujo de caja con proyección a 10 años y la rentabilidad anual por venta de los equipos fabricados, además de las inversiones requeridas adicionales en 3 años para asegurar la consolidación de negocios y venta de acciones. Cuarto, el plan de ventas donde consideré y analicé un crecimiento anual de 20% en ventas y finalmente plan de RRHH donde elaboré un organigrama general del personal requerido cuando la Start Up sea una empresa estable.

Teniendo el plan desarrollado, lo único que quedaba era ejecutarlo y poder sacar adelante esa idea en potencia. Aunque haya un plan pre establecido, el afinamiento del plan se da en el camino de la implementación. He tenido el apoyo de buenos amigos quienes se aventuraron conmigo en este proyecto y sus consejos fueron valiosos para aterrizar el producto funcional. Aunque es un producto en etapa de afinamiento y que aún no despega, pienso que tiene ese potencial para poder salir a rondas de inversión y concretar su posicionamiento en el mercado mundial.

Adicionalmente a ello, consideré que el producto desarrollado, ayudaría a cumplir un objetivo personal para sembrar y generar tierras productivas de un familiar y generar trabajo a las personas cercas del proyecto, y además darles acceso al agua que se generaría adicionalmente.

Al pensar en uno de los grandes desafíos de la humanidad, que es el tema del agua, y que muchos especialistas y empresas también están trabajando soluciones innovadoras para este problema, siendo un tema social, me dio una motivación adicional para dedicarle tiempo e interés en investigar y crear una idea única y revolucionaria.

Detector W 2.0

Este producto innovador fue ideado para poder detectar aguas subterráneas en ambientes secos y que podría ser una oportunidad para muchas familias de tener acceso a este elemento vital de una manera más rápida.

Aunque existen muchos equipos que te detectan agua subterránea en el mundo, el producto que construí es un sistema con fabricación local y de un mínimo costo. La idea y la validación de la idea fue el componente primordial para dar los siguientes pasos para la creación de ésta Start Up. La necesidad y el mercado que existía nos llevaron a conseguir una capital semilla y poder usarlo para la construcción y hacer pruebas de funcionalidad. El capital que se invirtió fue de 1,000 dólares como una referencia general.

El siguiente paso que di fue la creación de un plan de negocio en donde se va a brindar un servicio para ubicar las corrientes internas de agua. Para tal fin el plan consistió primero es hacer las pruebas piloto para afinar los parámetros de medición. Como sabíamos que el mercado lo teníamos por la necesidad ya de servicios a realizar, no tuvimos mucho problema sobre el marketing. Solo nos posicionamos con una página web para establecer nuevos contactos. En el plan financiero, exploramos escenarios de 10 años analizando un flujo positivo. Un plan de logística fue importante pues necesitábamos desplazarnos a diferentes puntos en campo donde brindara el servicio y se tenía que planear la logística para el transporte y finalmente el plan de ventas fue considerado al poder ir creciendo en servicios en un 30% año por tener más demanda de mercado.

Durante la construcción del equipo, basándonos en la importancia de tener un equipo que maneje conceptos técnicos, el diseño y construcción del equipo, fue clave la participación de un ingeniero electrónico para el diseño de la parte eléctrica que es la parte más importante y también fue necesario un ingeniero mecánico para evaluar el diseño y soportes internos.

El producto fue fabricado en Lima y al tener este producto mínimo viable (PMV) funcional fue probado en diferentes regiones del Perú. Las pruebas con el PMV fueron muy valiosas puesto que aprendimos a finar temas técnicos del producto y tenerlo listo para el servicio algún cliente nuevo.

La motivación y la idea del producto fue clara y rápida desde el inicio y además por la necesidad que encontrábamos en el mercado y la dificultad de acceder a este producto que serían de un alto costo y difícil acceso nos permitió avanzar con la decisión de trabajar en el desarrollo de este sistema de bajo costo y de fabricación total. El plan de negocio fue ideado para poder tener un producto de fabricación local, acceder los suministros fue lo más difícil de planear, pero se logró en menos de un mes, el plan de marketing se realizó con una estrategia de promoción por redes sociales y el tema de la logística básicamente consistió en llevar el producto al punto donde el cliente necesita ubicar corrientes de agua subterránea y finalmente el tema de ventas fue básicamente establecer un costo de servicio base y accesible donde cubrir nuestros costos variables y fijos básicos y tener run margen de ganancia del 10%.

Lo que más tomo en el desarrollo del despegue del Start Up fue el desarrollo tecnológico y pruebas iniciales para afinar el producto. De ahí en un par de meses tuvimos los primeros clientes y vimos un crecimiento de ventas acelerado.

Dry Food

Otro emprendimiento innovador, fue producir un producto de consumo masivo con una tecnología adaptada a nuestra necesidad. Explorando el mercado nacional e internacional, nos dimos cuenta que el consumo de frutos deshidratados iba en aumento. Es así que el equipo InnovaYap, decidimos poner una planta deshidratadora de productos novedosos para consumo local.

Nos aliamos con un amigo que nos pudiera prestar un espacio y un horno de pan para poder empezar. Además, sabíamos que familiares cercanos producían mango pero que por el tema de descomposición rápida el producto no duraba mucho por lo que solicitamos poder hacer unas pruebas para ver específicamente como nos iba con el mango deshidratado.

La idea es buena y estábamos en la etapa de validación. La forma de como lograríamos la validación era primero realizar 10 paquetes pequeños de mango deshidrato y darles a nuestros familiares para evaluar sus impresiones y verificar si están dispuestos algo por el producto. Al realizar pruebas y envasar los 10 paquetes de mango de deshidratado de 10 gr encontramos que los familiares y amigos directos les había encantado el producto y procedimos a dar los siguientes pasos.

El plan de negocio formal lo elaboramos en esta etapa. En donde básicamente tuvimos bastante trabajo en planear la parte operativa. Decidimos adaptar el horno de pan para una producción del 10 kilo al día de mango deshidratado pues era la capacidad óptima. Además de ello, innovamos e hicimos cambios en el horno de pan y en las bandejas para que el calor se distribuya de una manera más eficiente y finalmente establecimos protocolos y procedimientos de operación y control de calidad. Además, hicimos un plan de pruebas adicionales con otros productos puesto que el mango es una fruta que no da todo el año y requeríamos tener productos innovadores nuevos de venta durante todo el año. Luego de ello, posicionamos el producto de manera digital mediante una página y en ferias de consumo masivo.

En las finanzas, tuvimos que planear una ronda de financiamiento para adquirir más capital para comprar equipos y más materia prima a fines del primer año y posteriormente vamos crecer 30% al año. EN temas de logística tuvimos que pensar en la forma de adquisición de materia prima que se producía 1 vez al mes y otros productos que habíamos considerado. Además de cómo distribuir el producto en nuestros diferentes canales de distribución como tiendas y ferias. Es importante también notar que planeamos una distribución de muestras internacionales. Finalmente, en el tema de ventas se esperaba un crecimiento sostenido de 35% anual por la demanda del mercado nacional e internacional.

Al finalizar el planeamiento, pusimos las manos a la obra. Requeríamos un capital adicional por lo que pedimos prestado a familiares directos para validar los diferentes productos que íbamos a adquirir. También mencionar que el familiar que tenía el mango iba a ser el socio por la materia prima que nos iba a portar sin costo y también se considero al familiar que tenía el espacio y el horno volverlo socio del negocio por los activos prestados. Cabe señalar que no se dio más de 20% de acciones para poder tomar decisiones importantes antes de que el negocio pudiera despegar. Lo más complicado que paso en la ejecución fue poder elaborar y experimentar en mejorar para el horno que nos de la eficiencia optima de consumo de combustible para el horno y la mejor calidad de cada producto que experimentábamos para deshidratarlo. Finalmente lograrnos la excelencia registramos los hallazgos y comenzamos a producir para un mercado pequeño.

Seguimos aprendiendo de las lecciones que estamos teniendo y creciendo observando lo aprendido pro otras empresas que mapeamos en el mercado donde participamos.

Es una experiencia muy interesante de emprender negocios de consumo masivo puesto que la tecnología, la innovación, la calidad y entrar en un mercado nuevo nos ha ayudaron seguir creciendo e ir por mas logros en un corto tiempo.

Las lecciones aprendidas de todos mis emprendimientos que rescato y que cada una de ellas me ha dado grandes lecciones, las enumero a continuación:

1. Investiga mucho sobre soluciones al problema que intentas resolver.
2. Buscar soluciones a problemas sociales, ayudará a validar más rápido el nicho de mercado
3. Escucha detenidamente a las personas de tu entorno, puesto que los problemas, aunque sean muy pequeños, se repiten en toda tu comunidad y puede ser el inicio de buscar grandes soluciones
4. Lee bastante y siempre estate atento de las últimas tendencias tecnológicas, puede ser que complementes tus soluciones con esas ideas del mercado
5. Luego de validar tu idea con encuestas o con pequeños experimentos, siempre crea un plan de negocio, donde imagines como podría ser el pronto futuro de tu emprendimiento y se ambicioso al escribir los números de ventas y proyecciones a 5 o 10 años

6. Financiar tus emprendimientos puede ser todo un reto, pero puedes usar las plataformas digitales y recursos como el crowdfunding para buscar el pronto financiamiento y despegar
7. Construye una marca personal y divúlgalo en redes sociales puesto que te ayudará a abrir puertas
8. Las redes sociales ayudarán mucho a conseguir personas que crean en tus ideas y puedes encontrar el equipo que te pueda ayudar a seguir construyendo tu idea de negocio
9. Rodéate de gente como tu emprendedora pues la motivación que se genera es muy importante para seguir adelante frente a las dificultades
10. Cuando ya comienza a despegar tus ventas, cuida tu liquidez e invierte en ti, en tu equipo y en tu emprendimiento hasta llegar a la perfección

Capítulo V:
Lecciones aprendidas para que una Start Up sobreviva

En éste capítulo se darán las lecciones aprendidas generales basándome en la experiencia y en la información de varios emprendedores sobre como a dejar que una Start Up naufrague en épocas de crisis

Consejos en tiempos de crisis para emprendedores

El sistema de los Start Ups es uno de los más competitivos que existe y hay muchas reflexiones sobre lo que significa fracasar como emprendedor y levantarse. A continuación, se dan algunas recomendaciones en momentos de crisis y cómo puedes levantar el vuelo nuevamente:

- Al generar un cambio en tu emprendimiento, enfócate en las características del producto o servicio, escuchando a tus clientes, no cambies el propósito ni la visión y misión de la Start Up.

- En tiempos de crisis respóndete a ti mismo, como agregar valor a los clientes que tienes, sin dejarte presionar por tus inversionistas y socios.

- Es importante conocer bien tus finanzas, enfócate en cuidar tu liquidez y el flujo que generas día a día; no te enfoques en solo crecer.

- Trabaja en equipo y toma decisiones en conjunto. Si hay que hacer cambios, que todos participen.

- Conforme evoluciona el Start Up, cada momento tiene indicadores de medición de productividad propicios para poder crecer y ser sostenible. Has que evolucione las métricas al igual que tu negocio.

- Ponte de acuerdo cuando la crisis se asienta en que problema solucionar primero, prioriza y que todos estén buscando la solución para el mismo problema

- Recuerda que un emprendimiento es una carrera de largo aliento y que tienes que resistir si quieres tener éxito

- Liderar una Start Up implica también aprender todos los días cosas nuevas, rodéate de personas que sumen, lleva cursos que te hagan ser un mejor líder y edúcate en las últimas tendencias tecnológicas, te ayudara a adaptarte y moldearte según el mercado y la coyuntura de ese momento.

- Las relaciones y los contactos serán de mucha importancia en tiempos de crisis, puedes presentarles tu emprendimiento y al explicar con pasión tu idea puedes buscar lo que necesites de manera rápida

- El plan de negocio que planteaste al inicio siempre puede cambiar, debes tener mucha flexibilidad y adaptación al cambio. Ajusta tu plan según la necesidad.

- El estrés puede afectar mucho tu desenvolvimiento como líder de tu proyecto, no todo se trata de trabajar, toma descansos oportunidad y cuida mucho la alimentación.

Bibliografía

- Cuzzeri, B., 2021. *The ten best startup incubators in the world.* [online] Tendercapital. Available at: <https://tendercapital.com/fr/the-ten-best-startup-incubators-in-the-world/> [Accessed 20 February 2021].

- Gestión, R., 2021. *Estas son las 10 startups con mayor valor en el mercado en todo el mundo.* [online] Gestión. Available at: <https://gestion.pe/fotogalerias/estas-son-las-10-startups-con-mayor-valor-en-el-mercado-en-todo-el-mundo-noticia/> [Accessed 1 January 2021].

- Getkisi.com. 2021. *The Top 5 Best Proptech Companies for 2021 | Kisi.* [online] Available at: <https://www.getkisi.com/blog/top-proptech-companies> [Accessed 2 January 2021].

- Hubbub Labs. 2021. *10 edtech startups to watch in 2021 - Hubbub Labs.* [online] Available at: <https://hubbublabs.com/startup-academy/10-edtech-startups-to-watch-in-2021/> [Accessed 5 January 2021].

- Hurun.net. 2021. *Hurun Report - Info - Hurun Global Unicorn List 2019.* [online] Available at: <https://www.hurun.net/en-US/Info/Detail?num=A38B8285034B> [Accessed 2 January 2021].

- Kambista. 2021. *¿Qué es el crowdfunding y cómo ayuda a las Startups? - Kambista.* [online] Available at: <https://kambista.com/emprendimiento/que-es-el-crowdfunding-y-como-ayuda-a-las-StartUps/> [Accessed 1 February 2021].

- Kambista. 2021. *Las 5 fases de crecimiento de una startup - Kambista.* [online] Available at: <https://kambista.com/emprendimiento/las-5-fases-de-crecimiento-de-una-startup/> [Accessed 7 January 2021].

- Kambista. 2021. *¿Qué son y qué hacen las incubadoras de negocios? - Kambista.* [online] Available at: <https://kambista.com/emprendimiento/que-son-y-que-hacen-las-incubadoras-de-negocios/> [Accessed 6 February 2021].

- Puri, P. and Puri, P., 2021. *Top 15 startup incubators and accelerators worldwide - The Kolabtree Blog.* [online] The Kolabtree Blog. Available at: <https://www.kolabtree.com/blog/top-15-startup-incubators-and-accelerators-worldwide/> [Accessed 4 January 2021].

- StartUs Insights. 2021. *Discover Emerging Technologies & Promising Startups In FinTech*. [online] Available at: <https://www.startus-insights.com/innovators-guide/industries/fintech/> [Accessed 1 February 2021].
- StartUs Insights. 2021. *Discover 5 Internet of Things Startups to Watch in 2021*. [online] Available at: <https://www.startus-insights.com/innovators-guide/discover-5-internet-of-things-startups-to-watch-in-2021/> [Accessed 20 September 2020].
- StartUs Insights. 2021. *Top 10 Healthcare Industry Trends & Innovations in 2021*. [online] Available at: <https://www.startus-insights.com/innovators-guide/top-10-healthcare-industry-trends-innovations-in-2021/> [Accessed 4 January 2021].

www.ingramcontent.com/pod-product-compliance
Lightning Source LLC
Chambersburg PA
CBHW051916210526
45473CB00006B/2039